घूमते पहिए

कविताओं में साइकिलिंग, पर्यावरण और स्वास्थ्य

डॉ मुकेश अग्रवाल

notionpress
.com

अनुक्रम

मन की बात

साइकिल का नाम लेते ही हमारे भीतर स्मृतियों का एक अद्भुत संसार जाग उठता है। बचपन की वे धूल भरी गलियाँ, स्कूल जाते वक्त की वो पहली सवारी, और दोस्तों के संग मस्ती करते पहियों की खनक, सब कुछ मानो कल की ही बात हो। साइकिल मात्र एक साधन नहीं, बल्कि एक भावना है–एक ऐसा साथी, जो हमें केवल मंज़िल तक नहीं ले जाता, बल्कि रास्ते का आनंद लेना भी सिखाता है।

इस काव्यसंग्रह, "धूमते पहिए: कविताओं में साइकिलिंग, पर्यावरण और स्वास्थ्य", को लिखते समय मैंने साइकिल के हर पहलू को अपनी कविताओं में समेटने का प्रयास किया है। साइकिल हमें जीवन की सरलता, प्रकृति से जुड़ाव और शारीरिक-मानसिक सशक्तिकरण का अद्भुत पाठ पढ़ाती है। यह संग्रह मेरी उन्हीं भावनाओं और विचारों का प्रतिबिंब है।

आज, जब आधुनिकता के शोर और प्रदूषण ने हमारी सांसों को बोझिल कर दिया है, साइकिल एक सशक्त संदेश देती है–प्रकृति की रक्षा, स्वास्थ्य का पोषण, और सादगी का आनंद। साइकिल न केवल हमारे पर्यावरण को संरक्षित करती है, बल्कि हमें जीवन की तेज़ दौड़ में धीमे चलने और हर पल को जीने की प्रेरणा भी देती है।

इस संग्रह के हर भाग में साइकिल से जुड़े जीवन के अनछुए पहलुओं को उजागर किया गया है। बचपन की यादों से लेकर पर्यावरण के प्रति हमारी

ज़िम्मेदारी, स्वास्थ्य के महत्व से लेकर साइकिलिंग में छुपे आध्यात्मिकता के रंग तक, हर कविता आपको सोचने और महसूस करने के लिए प्रेरित करेगी।

यह रचना मेरे परिवार, एडिटिंग में सहयोग देने वाले विक्रांत तावेसकर, अर्जुन साइकिल क्लब, घरौंडा के अध्यक्ष सुनील गोयत एवं अन्य सदस्यों, और शुभचिंतक मित्रों की प्रेरणा व समर्थन का परिणाम है। मैं उन सभी का हृदय से आभारी हूँ, जिन्होंने इसे संभव बनाया।

तो आइए, इन घूमते पहियों के साथ एक अनोखी यात्रा पर चलें, जहाँ बचपन की गलियों से लेकर भविष्य के सपनों तक सबकुछ जुड़ा हुआ है। यह यात्रा आपको न केवल साइकिल के, बल्कि जीवन के भी कई नए पहलुओं से परिचित कराएगी।

सादर,
डॉ. मुकेश अग्रवाल

भाग 1

मैं और मेरी साईकल

चल मेरी साइकिल

चल मेरी साइकिल, सैर करा दे,
भारत का हर कोना दिखा दे।
कश्मीर की ठंडी वादियों में,
डल झील से मुझे मिला दे।

हिमाचल की सुंदर वादियाँ,
शिमला, मनाली में मुझे घुमा दे।
पंजाब के खेतों में खो जाऊँ,
सरसों की महक से महका दे।

हरियाणा के अखाड़ों में झूमूँ,
संग पहलवानों सा जोश दिला दे।
उत्तराखंड की घाटी में बहूँ,
गंगा की पावन धारा में बहा दे।

उत्तर प्रदेश की मिट्टी में रंग जाऊँ,
बनारस की मुझे मस्ती सिखा दे।
राजस्थान की रेत में उड़ चलूँ
किलों की कहानी मन मे बसा दे।

गुजरात के रण में कदम बढ़ाऊँ,
कच्छ की सफेद धरा पर चला दे।
महाराष्ट्र के मुम्बई की भीड़ में,
समंदर किनारे ठंडी हवा दिला दे।

गोवा के सुनहरे तटों पर ठहरूँ,
लहरों की मस्ती से मिलवा दे।
छत्तीसगढ़ के घने जंगलों में,
नदी किनारे का सौंदर्य दिखा दे।

मध्य प्रदेश के खजुराहो में,
प्राचीन मूर्तियों का जादू सजा दे।
बिहार के नालंदा की गलियों में,

इतिहास का गौरव समझा दे।

झारखंड के झरनों में छलकूँ,
पलामू के जंगल में बसा दे।
पश्चिम बंगाल के कालीघाट में,
दुर्गा माँ का आशीर्वाद दिला दे।

ओडिशा के पुरी की यात्रा में,
जगन्नाथ से मुझे मिला दे।
असम के चाय बागानों में चलूँ,
ब्रह्मपुत्र की धारा संग बहा दे।

मेघालय की बादलों में खो जाऊँ,
चेरापूंजी की बरसात में नहला दे।
त्रिपुरा की जमीं पर कदम रखूँ,
उज्ज्वल मंदिरों का रस चखा दे।

मणिपुर के रंगीन त्योहारों में,
इम्फाल के सुंदर नज़ारे दिखा दे।
नागालैंड की संस्कृति में खो जाऊँ,
होर्निबल का संगीत सुनवा दे।

मिजोरम के बांस के घरों में,
सरलता का भाव सिखा दे।
अरुणाचल के सूर्योदय संग,
पहाड़ों में खोने का सुख दिला दे।

सिक्किम की बर्फीली चोटियों में,
कंचनजंगा की छाँव से मिला दे।
बिहार से लेकर बंगाल तक,
भारत की धड़कन मुझे सुना दे।

आंध्र प्रदेश के तट पर ठहरूँ,
तिरुपति की शांति में डूबा दे।
तेलंगाना के चारमीनार के संग,

हैदराबाद की विरासत दिखा दे।

कर्नाटक के मैसूर की यात्रा,
कावेरी के संग बहा दे।
तमिलनाडु के मंदिरों की देखूं
रमणाश्रम की शांति में बसा दे।

केरल की हरियाली में जाऊँ,
अलाप्पुझा की नावों संग बहा दे।
लक्षद्वीप के नीले सागर में,
छोटे द्वीपों का सौंदर्य दिखा दे।

अंडमान की लहरों में तैरूँ,
सेल्युलर जेल का इतिहास दिखा दे।
दिल्ली की धड़कन को समझूं
राजघाट की शांति महसूस करा दे

चल मेरी साइकिल, सैर करा दे,
भारत का हर कोना दिखा दे।
अलग-अलग रंगों से रँगे देश में,
मुझे हर रंग की झलक दिखा दे।

क्या बात साइकिलिंग की

क्या बात साइकिलिंग की
कैसे तुम्हे बताऊँ मैं
कोशिश करता हूँ थोड़ी सी
मन की खुशी दिखाऊँ मै

साईकल चलाने के लिए
जल्दी मैं उठ जाता हूँ
उस पल के अहसास को
कैसे सामने लाऊं मैं
कोशिश करता हूँ थोड़ी सी
मन की खुशी दिखाऊँ मै

जब चलता घर से निकल
दोस्त मुझे मिल जाते है
उनके मिलने की खुशी को
कैसे आज छिपाऊं मैं
कोशिश करता हूँ थोड़ी सी
मन की खुशी दिखाऊँ मै

जब साईकल इकट्ठी चलती
बहुत सुंदर मंजर होता है
उस अद्भुत दृश्य को
तुम तक कैसे पहुँचाऊ मैं
कोशिश करता हूँ थोड़ी सी
मन की खुशी दिखाऊँ मै

एक तरफ चाँद छिपता
एक तरफ सूरज निकलता
दोनों लुका छिपी खेलते
देख उनको मुस्काउं मैं
कोशिश करता हूँ थोड़ी सी
मन की खुशी दिखाऊँ मै
मंद मंद हवा के झोंके

गीत प्रेम के हमे सुनाते
टकराते जब वो चेहरे से
संग में गुनगुनाऊँ मैं
कोशिश करता हूँ थोड़ी सी
मन की खुशी दिखाऊँ मै

कतार बना के पंछी भी
अपने अपने काम पे जाते
देख उनकी लयबद्धता
थोड़ा सा जल जाऊं मैं
कोशिश करता हूँ थोड़ी सी
मन की खुशी दिखाऊँ मै

कौन सा आनंद नही है
प्रकृति की इस गौद में
विधाता की कारीगरी पर
विस्मित सा हो जाऊं मैं
कोशिश करता हूँ थोड़ी सी
मन की खुशी दिखाऊँ मै

अपनी साईकल ले कर
संग में मेरे आ जाओ
सुबह का सुंदर नजारा
अब रोज तुम्हे दिखाऊँ मैं
कोशिश करता हूँ थोड़ी सी
मन की खुशी दिखाऊँ मै

अर्जुन साईकल क्लब

हररोज साईकल उठा कर
सुबह निकल हम जाते है
इस डगर कभी उस डगर
पहिए को हम घुमाते है

गांव गांव से होते होते
सवारी हमारी चलती है
हवा के संग पींग बढ़ाते
बड़ी हम धूम मचाते है

छोड़ा नही कोई भी रास्ता
हमने अपने शहर का
हर एक गली में घूमते
हम अपनी राह बनाते है

जो भी रास्ते मे मिलता
राम राम करते सबको
उनकी मधुर मुस्कान से
अपने को धन्य पाते है

नारे लगाते चलते है हम
भारत माँ खुश हो जाती है
जय अर्जुन साईकल क्लब
हम मिल कर दोहराते है

एक बार तू मनै चला ले

साईकल कह री मनै ठा ले
आज अपनी सेहत बना ले
मनै ले कै तू निकल पड़
मस्त बहती ताजी हवा ले

लाल उगता सूरज देख ले
तू नीले अम्बर तै बतला लै
गुदड़ी मैं कर रहया आलस
हो खड़ा प्रकति का मजा ले

चहुँओर की हरियाली से तू
अपने मन नै गुदगुदा ले
शरीर भला चंगा हो जेगा
धूप मिट्टी पानी की दवा ले

अपने संग में अपने साथी
साईकल गेल सबनै बुला ले
कसरत प्राणायाम ध्यान तै
सारे दुःख तकलीफ मिटा ले

पूरा मजा आवन की गारंटी
आज मेरत तू शर्त लगा ले
बस मेरे कहन तै एक बार
बस एक बार तू मनै चला ले

ठा ले साईकल

गुदड़ी के लाल बात सुन मेरी
गुदड़ी ठावन का टेम आगया
छोड़ आलस ठा ले साईकल
सेहत बनावन का टेम आगया

अलसाया सा सूरज उठ कै
जब तेरी आरती तारे गा
उस वक्त तनै यूं लागेगा
भैरवी गावन का टेम आगया
छोड़ आलस ठा ले साईकल
सेहत बनावन का टेम आगया

ताजी हवा, उषा की रोशनी
जब तेरे चेहरे तै टकरावे गी
यूँ लागेगा दिल की धड़कन के
नाचन नचावन का टेम आगया
छोड़ आलस ठा ले साईकल
सेहत बनावन का टेम आगया

खेतो की हरियाली के संग
जब तेरी साईकल चालेगी
रोम रोम तेरा खुद कहवे गा
खिलखिलावन का टेम आगया
छोड़ आलस ठा ले साईकल
सेहत बनावन का टेम आगया

ओस की चादर ओढ़े धरती
तनै घनी कसूती लाग गी
फेर ना कहियो बताया कोनी
इब जावन का टेम आगया
छोड़ आलस ठा ले साईकल
सेहत बनावन का टेम आगया

एक बार की मुश्किल सै यो
फेर बड़ा मजा तनै आवेगा
आँख खुलेगी उस घड़ी तेरी
जिब पछतावन का टेम आगया
छोड़ आलस ठा ले साईकल
सेहत बनावन का टेम आगया

गुदड़ी के लाल बात सुन मेरी
गुदड़ी ठावन का टेम आगया
छोड़ आलस ठा ले साईकल
सेहत बनावन का टेम आगया

भाग 2
साईकल और बचपन की यादें

पापा और साईकल की कमान

पापा के हाथों में थी साईकल की कमान,
मेरे छोटे-छोटे हाथ,
उस पकड़ को महसूस करने की कोशिश में,
कभी हैंडल को कसते,
कभी छोड़ने लगते।
उनके कंधों पर टिकी मेरी आँखें,
सड़क की हलचल नहीं देखती थीं,
बस पापा के होंठों से फूटती आवाज़ सुनती थीं –
"घबराओ मत, मैं हूँ न।"

पहली बार जब मेरे पैर पैडल से फिसले,
और साईकल का पहिया डगमगाया,
तो पापा की हथेली ने पीछे से संभाला,
जैसे धरती ने आसमान को थाम लिया हो।
मैंने पलटकर देखा,
उनके चेहरे पर मुस्कान थी,
जैसे मेरी हर लड़खड़ाहट को
अपना साहस बना लिया हो।

साईकल की सीट पर बैठकर,
मुझे लगा जैसे मैं हवा में तैर रहा हूँ,
सड़कें छोटी हो गई थीं,
दुनिया के कोने खुल गए थे।
पर वो पापा की हिम्मत थी,
जो मुझे उस ऊँचाई पर ले गई थी।

वे कहते, "संतुलन ज़िंदगी का दूसरा नाम है।
सीट पर टिके रहना,
हैंडल पर ध्यान रखना,
और पैडल को हमेशा घुमाते रहना।"
मैं सुनता था, समझता कम था,
पर उनके शब्द मेरी आत्मा में घर कर गए।
साईकल मेरी थी,

पर कमान हमेशा उनकी।
वे पीछे से धक्का देते,
और मैं आगे बढ़ता।
कभी सड़कें सीधी थीं,
कभी गड्ढों से भरी।
कभी मैं गिरा,
तो उनकी उँगलियाँ मेरी पीठ पर टिक गईं,
"उठो, गिरने का डर ही तुम्हें रोकता है।"

उनकी वो साईकल की कहानी,
सिर्फ पहियों की नहीं थी,
वो मेरी ज़िंदगी की दिशा थी।
उनकी हथेलियाँ अब मेरे सपनों की ढाल हैं,
और उनकी आवाज़,
हर गिरावट में मेरे कानों में गूंजती है –
"डर मत, मैं हूँ न।"

पहली साईकल - पहला सफर

वो दिन, जब पहली बार
मेरे हाथों ने साईकल के हैंडल को छुआ था।
हवा में एक नई ख़ुशबू थी,
और दिल में एक अजीब सी हलचल।
दो पहियों का ये जादू,
मानो मेरे पंख बन गया हो।

पापा ने कहा था,
"पहिया घुमाना है, और संतुलन खुद बन जाएगा।"
पर मेरे छोटे से मन में,
डर और उत्साह की रस्साकशी चल रही थी।
क्या होगा अगर मैं गिर जाऊँ?
क्या होगा अगर रास्ता मुझसे बड़ा हो जाए?
पर साईकल पर बैठते ही,
सड़कें छोटी लगने लगीं।

पहले पैडल के साथ ही,
जैसे ज़मीन मुझसे बात करने लगी।
पहिए घूमते थे,
और मैं महसूस करता था,
जैसे दुनिया का हर कोना मुझे बुला रहा है।
हवा मेरे चेहरे से टकराती,
और सूरज की किरणें,
मुझे थामने का भरोसा देतीं।

पहला मोड़,
जहां डर ने फिर दस्तक दी।
हैंडल डगमगाया,
और पहिए ने सवाल किया –
"क्या तुम तैयार हो?"
मैंने पैडल पर ज़ोर दिया,
हवा में थरथराहट थी,
पर मेरी साईकल ने मुझे संभाल लिया।

उस दिन का सफर लंबा नहीं था।
बस गली के एक छोर से दूसरे छोर तक,
पर उस छोटे से रास्ते में,
मैंने खुद को बड़ा होते देखा।
एक बच्चे से,
जो डरता था गिरने से,
उस सपने देखने वाले तक,
जो अपनी राह खुद बनाना चाहता था।

आज भी, जब मैं साईकल पर चढ़ता हूँ,
उस पहली साईकल का ख्याल आता है।
पहिया सिर्फ घूमता नहीं था,
वो मुझे सिखा रहा था –
संतुलन, साहस, और सफर का मज़ा।
पहली साईकल,
पहला सफर,
मेरे बचपन की वो पहली उड़ान।

साईकल और स्कूल की राहें

साईकल के पहिए और स्कूल का रास्ता,
जैसे बचपन की सबसे सुंदर जोड़ी।
हर सुबह की ताज़गी,
और हर शाम की थकावट,
इन्हीं राहों में उलझी हुई थी।

पैरों से पैडल का घुमाव,
हवा से बातें करता हुआ,
जैसे कोई गुप्त संवाद हो।
स्कूल की किताबों का बोझ,
और साईकल की मस्ती,
एक साथ सफर में चलती थीं।

कंधे पर झूलता बैग,
पीठ पर स्कूल की यूनिफॉर्म की सलवटें,
और साईकल की घंटी की टन-टन,
राहगीरों को हटाती,
मित्रों को बुलाती।

रास्ते में पड़ता बरगद का पेड़,
जिसकी छांव में पल भर की ठहरावट।
खुले आसमान में उड़ते पंछी,
जिनसे लगती थी रेस –
"देखो, कौन पहले पहुंचेगा?"

बारिश के दिनों में,
सड़कें फिसलन भरी,
और साईकल का संतुलन कठिन।
फिर भी, वो हिम्मत,
जो साईकल ने सिखाई थी,
हर फिसलन से पार ले जाती।

वो गली का मोड़,
जहां दोस्त इंतजार करते थे।
साथ-साथ चलते पहिए,
जैसे दोस्ती का प्रतीक बन जाते।
स्कूल पहुंचते ही,
साईकल खड़ी हो जाती दीवार के सहारे,
जैसे कह रही हो,
"चलो, अब तुम सीखो, मैं यहीं इंतजार करूंगी।"

स्कूल की राहें छोटी थीं,
पर उनमें जिंदगी के बड़े सबक छिपे थे।
साईकल ने सिखाया,
हर मोड़ पर झुकना,
हर रुकावट को पार करना,
और सफर को बस जीते जाना।

आज जब बड़े रास्तों पर चलता हूँ,
तो साईकल और स्कूल की वो राहें याद आती हैं।
वो पहिए, जो कभी थमे नहीं,
और वो रास्ते, जो सपनों की ओर ले गए।

गाँव की गलियां और साईकल

गाँव की तंग गलियां,
जहां सुबह की हलचल
और शाम की शांति का अद्भुत संगम था।
उन गलियों में दौड़ती साईकल,
जैसे सपनों को पंख मिल गए हों।

कच्ची सड़कों की धूल,
पहियों के साथ उड़ती थी,
और पैरों के नीचे,
ज़मीन की थरथराहट महसूस होती थी।
हर मोड़ पर,
कोई न कोई कहानी छुपी रहती थी –
मिट्टी की महक,
और लोगों की मुस्कान।

साईकल की घंटी की टन-टन,
गलियों को जगा देती,
बूढ़े बरगद के नीचे बैठे बुजुर्ग,
मुस्कुराकर पूछते,
  "कहाँ जा रहे हो इतनी तेज़ी में?"
और मैं सिर्फ हँसकर निकल जाता।

गलियों के मोड़ पर खड़े बच्चे,
चुनौती देते,
"दौड़ लगाओ, देखते हैं कौन जीतेगा!"
साईकल की रफ़्तार बढ़ती,
और हवा कानों में गुनगुनाती,
"तेरा सपना तुझसे बस एक पैडल दूर है।"

कभी-कभी साईकल फिसल जाती,
कभी गिर जाता,
पर वो मिट्टी,
गिरने का दर्द नहीं,

सिखाने का सबक देती थी।
  "गिरकर ही तो संभलते हैं,"
जैसे हर गली कह रही हो।

गाँव की गलियां,
जहां सूरज की पहली किरण,
और चाँद की आखिरी छांव,
साईकल के पहियों से गुजरती थी।
खेतों के किनारे-किनारे,
नदी की ओर बढ़ते रास्ते,
और आम के पेड़ों की झुकी हुई डालियां।
सबकुछ साईकल के सफर का हिस्सा था।

आज शहर की चौड़ी सड़कों पर,
गाँव की वो गलियां याद आती हैं।
जहां साईकल सिर्फ एक सवारी नहीं,
बल्कि सपनों की सहेली थी।
वो गलियां,
जहां हर मोड़ पर जिंदगी इंतजार करती थी,
और साईकल,
हर दिन एक नई कहानी सुनाती थी।

साईकल और दोस्तों की टोली

साईकल के पहिए और दोस्तों की टोली,
गाँव की गलियों से लेकर शहर की सड़कों तक,
जैसे बचपन का सबसे प्यारा सफर।
हर सुबह,
साईकल के घंटियों की आवाज़,
गली-गली गुंजती थी,
और दोस्तों के घरों के दरवाज़े खटखटाती थी।

"चलो, निकलते हैं!"
कोई बिना चप्पल के,
कोई आधे जागे हुए,
तो कोई साईकल के टायर में हवा भरते हुए।
सब साथ निकल पड़ते,
जैसे दुनिया को जीतने जा रहे हों।

सड़कें हमारी थीं,
हवा हमारी थी,
और वो दोस्ती,
जो हर मोड़ पर हमारी हंसी में खिलखिलाती थी।
साईकल की रेस लगती,
"देखते हैं, सबसे तेज़ कौन!"
कोई हारकर बहाना बनाता,
"चेन फँस गई थी,"
तो कोई हँसकर कहता,
"अरे, मैंने तो तुम्हें आगे बढ़ने दिया।"

फिर खेतों की पगडंडियों पर,
जहां पहिए कच्ची मिट्टी से दोस्ती करते।
नदी किनारे पहुँचते,
साईकलें ज़मीन पर लिटा दी जातीं,
और टोली एक छांव में बैठ जाती।
हवा, पानी, और हंसी के बीच,
साईकलें भी मानो मुस्कुरा रही होतीं।

बरसात के दिनों में,
जब सड़कें फिसलन भरी होतीं,
तो वही साईकलें,
हमारी हिम्मत का इम्तिहान लेतीं।
कभी कोई गिरता,
तो पूरी टोली हंस पड़ती।
फिर हाथ पकड़कर उठाते,
और सफर जारी रहता।

हर सफर की अपनी कहानी थी –
किसी ने गुब्बारे वाले का पीछा किया,
तो किसी ने आम के पेड़ों की छांव तलाशी।
साईकल सिर्फ एक सवारी नहीं थी,
वो हमारी दोस्ती का हिस्सा थी।

आज जब गाड़ियों की रफ़्तार में,
वो साईकल पीछे छूट गई है,
तो दोस्तों की टोली की यादें,
हर शाम दिल को खटखटाती हैं।
वो साईकल की घंटियां,
और वो ठहाके,
जैसे कह रहे हों –
"दोस्तों के साथ साईकल पर सफर,
जिंदगी का सबसे खूबसूरत रास्ता था।"

भाग 3
प्रकृति और साइकिलिंग

सूर्योदय और साइकिलिंग

सूरज की पहली किरण,
जब धरती की गोद में उतरती है,
हरियाली का चेहरा मुस्कुराता है,
ओस की बूँदें मोतियों सी चमकती हैं।

साइकिल के पैडल पर पड़ते पाँव,
जैसे धरती के स्पंदन को महसूस करते हों।
पगडंडियाँ, पहाड़ियाँ, और खुले आसमान,
सब कुछ खुला, सब कुछ अपना सा लगता है।

हवा का हल्का स्पर्श,
गालों को सहलाते हुए,
सुनाता है प्रकृति का गीत,
जो केवल सुबह की साइकिलिंग में ही सुना जा सकता है।

सूरज ऊपर चढ़ता है,
छायाएँ छोटी होती जाती हैं।
फिर भी, साइकिल के पहिए,
घूमते रहते हैं,
जैसे समय को साध लेने का प्रयास।

सूर्योदय का यह जादू,
हर दिन नया सा लगता है।
साइकिल पर बैठा मनुष्य,
प्रकृति का हिस्सा बन जाता है।

यह यात्रा केवल दूरी की नहीं,
यह यात्रा है आत्मा की।
सूरज, साइकिल और सुबह का मेल,
जीवन का नया अर्थ देता है।
पेड़, पवन और पहियों का गीत

पेड़ खड़े हैं मौन,
जड़ें गहरी, आकाश से बातें करते,
पत्तों की सरसराहट,

जैसे जीवन की धड़कन।

पवन बहती है धीमे,
कभी तेज, कभी थमकर,
गले लगाती है हर सवार को,
जो पहियों पर चलता है।

पहिए घूमते हैं मस्त,
पगडंडियों और सड़कों पर,
कभी सपाट, कभी ऊबड़-खाबड़,
जैसे जीवन के रास्ते।

पेड़ों की छाया में,
पवन का गान सुनाई देता है,
और पहिए, बिना रुके,
इस लय में शामिल हो जाते हैं।

यह गीत है हरियाली का,
जो सांसों में बसती है,
यह गीत है आजादी का,
जो पहियों की चाल में दिखती है।

पेड़, पवन और पहिए,
प्रकृति का अद्भुत संगम,
हर सवारी में छिपा है,
जीवन का एक नया सुर।

चलते रहो, सुनते रहो,
इस गीत को,
जो कभी खत्म नहीं होता,
बस हर मोड़ पर नया हो जाता है।

पेड़, पवन और पहियों का गीत

पेड़ खड़े हैं मौन,
जड़ें गहरी, आकाश से बातें करते,
पत्तों की सरसराहट,
जैसे जीवन की धड़कन।

पवन बहती है धीमे,
कभी तेज, कभी थमकर,
गले लगाती है हर सवार को,
जो पहियों पर चलता है।

पहिए घूमते हैं मस्त,
पगडंडियों और सड़कों पर,
कभी सपाट, कभी ऊबड़-खाबड़,
जैसे जीवन के रास्ते।

पेड़ों की छाया में,
पवन का गान सुनाई देता है,
और पहिए, बिना रुके,
इस लय में शामिल हो जाते हैं।

यह गीत है हरियाली का,
जो सांसों में बसती है,
यह गीत है आजादी का,
जो पहियों की चाल में दिखती है।

पेड़, पवन और पहिए,
प्रकृति का अद्भुत संगम,
हर सवारी में छिपा है,
जीवन का एक नया सुर।

चलते रहो, सुनते रहो,
इस गीत को,
जो कभी खत्म नहीं होता,
बस हर मोड़ पर नया हो जाता है।

बारिश की बूंदें और साइकिलिंग

पहली बूंद जैसे छूती है गाल,
पलकें झपकती हैं,
और साइकिल का पहिया,
धीरे-धीरे तेज होने लगता है।

बारिश की नन्ही बूंदें,
धरती से टकराकर
संगीत रचती हैं,
पगडंडियों पर छिड़कती हैं ख़ुशबू।

पेडों की शाखाएं झुक जाती हैं,
जैसे स्वागत कर रही हों,
पवन के संग भीगते सवार का।
हर मोड़ पर, हर झोंके में,
एक नयी ताज़गी का अहसास।

पहियों के निशान,
कीचड़ में छपते जाते हैं,
हर निशान में छुपी है एक कहानी,
हर घूमते पहिए में बसी है आज़ादी।

बूंदों का यह स्पर्श,
जैसे जीवन की थकान को धो देता है,
हर झोंके के साथ,
मन का हर कोना खिल उठता है।

साइकिल, बारिश और यह अनूठा सफर,
न तो मंज़िल का प्रश्न पूछता है,
न समय की परवाह करता है।

यह सिर्फ चलता है,
जैसे बारिश की बूंदें,
जो आसमान से गिरकर धरती से मिलती हैं।

यह साथ, यह सफर,
बारिश और साइकिलिंग का रिश्ता,
जीवन का एक नया अध्याय बन जाता है।

पहाड़ों में साइकिलिंग का रोमांच

पहियों के नीचे,
कभी कंकड़, कभी मिट्टी,
कभी चिकनी राह,
कभी तीखी चढ़ाई।
साइकिल चलाना यहाँ,
जैसे खुद से जूझना,
और खुद को जीत लेना।

पहाड़ों की ऊंचाईयाँ,
आकाश को छूती हैं,
और सवार का हौसला,
उनसे भी ऊंचा हो जाता है।

साँसों की रफ्तार,
हवा के झोंकों से मिलती है,
और दिल की धड़कन,
राह की हर मोड़ पर तेज़ हो जाती है।

सामने गहरी घाटियाँ,
जिनमें बादल उतरते हैं,
और ऊपर, सूरज की रोशनी,
पत्तों से छनकर राह दिखाती है।

हर चढ़ाई का अंत,
एक ऐसे दृश्य से होता है,
जहाँ प्रकृति का सौंदर्य,
हृदय में असीम शांति भर देता है।

फिर आती है ढलान,
जहाँ पहिए उड़ने लगते हैं,
हवा कानों में गूंजती है,
जैसे आजादी का गीत सुनाती हो।

यह रोमांच केवल साइकिल का नहीं,
यह आत्मा का जागरण है,
जो पहाड़ों की हर घुमावदार राह पर,
थोड़ा और जीवित हो उठता है।

पहाड़ और साइकिलिंग,
दोनों सिखाते हैं,
कि गिरकर उठना और आगे बढ़ना,
जीवन का सबसे बड़ा पाठ है।

चांदनी रात में साइकिलिंग

सुनसान राहें,
चाँदनी की चादर ओढ़े हुए,
जहाँ हर परछाई,
जादू की तरह जीवित लगती है।

साइकिल के पहिए,
धीमे-धीमे सरकते हैं,
जैसे रात की नीरवता से,
कोई कहानी कहने की कोशिश में हों।

आसमान पर चाँद,
अपनी शीतल चाँदनी के साथ,
राह दिखाता है,
कभी छिपकर, कभी झांककर।

पत्तों पर गिरती चाँदनी,
संगीत रचती है हवा के साथ,
और साइकिल का हर घूमता पहिया,
उस लय में जुड़ जाता है।

रास्ते में कभी झींगुर की आवाज़,
कभी बहते पानी की सरसराहट,
तो कभी दूर कहीं झिलमिलाते जुगनू
रात की इस यात्रा को सजाते हैं।

हर मोड़, हर पगडंडी,
जैसे एक नया रहस्य खोलती है,
जहाँ सन्नाटा भी बोलता है,
और चाँदनी गवाह बनती है।

चांदनी रात में साइकिलिंग,
एक अनुभव है अनंत का,
जहाँ न कोई मंज़िल,
न कोई समय की सीमा।

यह बस एक यात्रा है,
प्रकृति के साए में,
अपने भीतर के सुकून तक।

भाग 4
पर्यावरण और साइकिलिंग

साइकिल – पर्यावरण की सखी

धुआँ उगलती मशीनों के बीच,
एक शांत, सरल साथी,
जिसका हर घूमता पहिया
जगाता है उम्मीद की किरण।

न धुआँ, न कोलाहल,
सिर्फ पवन की सरसराहट,
और प्रकृति के संगम की मधुर लय।
साइकिल, तुम हो धरती का आशीर्वाद।

जब पहियों पर चलते हैं कदम,
हर पैडल से मिटता है
प्रदूषण का एक छोटा हिस्सा।
हर मोड़ पर खिलता है हरियाली का सपना।

तुम्हारी सरलता में छिपा है समाधान,
धुंध से घिरे आसमान का।
तुम्हारी गति में है वादा,
साफ हवा और शुद्ध जल का।

तुमसे जुड़ता है इंसान प्रकृति से,
मिटती है दूरी,
न केवल मंजिलों की,
बल्कि मन और माटी की भी।

साइकिल, तुम हो पर्यावरण की सखी,
एक पुकार, एक संदेश,
कि हमें लौटना है
उस सरल जीवन की ओर,
जहाँ सांसें थीं स्वच्छ,
और धरती मुस्कुराती थी।

साइकिलिंग – बिना ईंधन की क्रांति

न पहिए पर तेल का बोझ,
न धुएँ का काला सच।
साइकिलिंग, तुम हो
एक नई सुबह की शुरुआत।

पैरों की ताकत से चलता पहिया,
हर घुमाव में बुनता है बदलाव।
यह कोई साधारण यात्रा नहीं,
यह है क्रांति –
बिना ईंधन की, बिना शोर की।

जहाँ सड़कें चिल्लाती हैं वाहनों की भीड़ से,
वहाँ साइकिल की सरसराहट
देती है प्रकृति को राहत।
न कोई कार्बन, न कोई जहर,
बस हवा की लहरें,
जो साथ चलती हैं तुम्हारे।

यह क्रांति है आत्मनिर्भरता की,
जहाँ हर कदम बचाता है
धरती का थोड़ा सा जीवन।
जहाँ हर पैडल बढ़ाता है
स्वास्थ्य की ओर एक कदम।

तुम हो वो हल,
जो सुलझा सकता है
शहरों का धुआँ,
गाँवों का कल।
तुम्हारी सादगी में छुपा है
भविष्य का स्वर्णिम पथ।

साइकिलिंग, तुम हो
बिना ईंधन की क्रांति,
जो नहीं माँगती कुछ भी,
सिवाय इरादों और पैरों की ऊर्जा।
चलो, साइकिल के संग रचें
एक हरित कल,
जहाँ क्रांति की परिभाषा हो –
धरती का सम्मान।

साइकिलिंग और हरियाली

हर घूमते पहिए के साथ,
धरती के दिल पर पड़ते हैं हल्के कदम,
जैसे कोई अपने घर की मिट्टी को
आहिस्ता से सहला रहा हो।

साइकिलिंग,
यह सिर्फ सफर नहीं,
यह हरियाली की ओर
एक मौन प्रतिज्ञा है।

जहाँ धुएँ की चादर ने
आकाश को ढक लिया था,
वहाँ साइकिलिंग की हवा
फिर से नीला रंग भरती है।
पेड़ों की पत्तियाँ हिलती हैं
तुम्हारे साथ,
जैसे वे भी कहती हों,
"चलो, बदलें दुनिया।"

तुम्हारे हर कदम से
कम होती है ईंधन की खपत,
और बढ़ती है
धरती की साँसों की गहराई।
तुम्हारे रास्तों पर उगती हैं
नई कोंपलें,
जैसे जीवन का उत्सव मना रही हों।

साइकिलिंग,
यह हरियाली का गीत है,
प्रकृति का स्पंदन,
जो हमें जोड़ता है
उस जड़ों से
जहाँ जीवन की शुरुआत हुई थी।

चलो, साइकिल के साथ
हर मोड़ पर बोएं हरियाली के बीज,
ताकि आने वाली पीढ़ियाँ देखें
कैसे एक साधारण पहिया
बदल सकता है पूरी दुनिया।

ग्लोबल वार्मिंग के खिलाफ साइकिलिंग

जब सूरज की किरणें
धरती को झुलसा रही हैं,
जब बर्फ की चादरें
धीरे-धीरे पिघल रही हैं,
तब साइकिल की घुमावदार राहें
बन रही हैं प्रतिरोध की कहानी।

यह सिर्फ पैडल का खेल नहीं,
यह है कार्बन के बढ़ते बोझ के खिलाफ
एक शांत युद्ध।
हर घूमता पहिया
कहता है:
"बस करो यह अंधाधुंध ईंधन जलाना।"

साइकिलिंग,
यह धरती का स्पर्श है,
जहाँ बिना धुएँ के
हवा गाती है स्वच्छता का गीत।
जहाँ बिना ईंधन के
मंजिलें हासिल होती हैं
प्रकृति की गोद में।

हर पैडल से घटती है
वायुमंडल की घुटन।
हर यात्रा से मिटता है
ग्लोबल वार्मिंग का एक छोटा हिस्सा।
तुम्हारे पहियों के साथ
चलता है भविष्य का सपना–
जहाँ न हो तपता सूरज,

न हों बंजर खेत।

साइकिलिंग,
तुम्हारी सादगी में छिपा है समाधान
एक उलझती हुई दुनिया का।
चलो, उठाओ यह साधारण हथियार,
ग्लोबल वार्मिंग के खिलाफ
शुरू करो यह हरित क्रांति।

यह सिर्फ सफर नहीं,
यह धरती को बचाने का संकल्प है,
जहाँ साइकिलिंग बनती है
आने वाले कल की उम्मीद।

साइकिलिंग – कार्बन फुटप्रिंट घटाने की राह

जब धरती के कदमों के निशान
भारी होने लगे,
प्रदूषण के बोझ से
वायुमंडल घुटने लगा,
तब साइकिल ने थामा
पर्यावरण का हाथ।

यह कोई साधारण पहिया नहीं,
यह है बदलाव का प्रतीक,
जहाँ हर घूमता चक्र
घटाता है कार्बन का भार।

न धुआँ, न ईंधन का दंश,
साइकिल की राह में है
केवल हवा का मधुर संगीत।
यह उन शहरों का सपना है
जहाँ सांसें हों हल्की,
और आकाश हो साफ।

हर पैडल के साथ,
धरती पर बनते हैं
हल्के और टिकाऊ कदम।
हर यात्रा के साथ,
कम होती है गाड़ियों की भीड़,
और मिटता है
प्रदूषण का अंधकार।

साइकिलिंग,
यह एक सरल विकल्प है,
पर इसका प्रभाव है गहरा।
यह कार्बन फुटप्रिंट घटाने की
हरित राह है,
जो हमें ले जाती है
एक स्वच्छ और सुंदर भविष्य की ओर।

चलो, साइकिल की सवारी करें,
न केवल अपने स्वास्थ्य के लिए,
बल्कि उस धरती के लिए,
जो हमें जीवन देती है।
यह यात्रा सिर्फ हमारी नहीं,
बल्कि पूरी मानवता की है।

भाग 5

स्वास्थ्य और साइकिलिंग

साइकिलिंग: तंदुरुस्त दिल और दिमाग

चलते रहें, बढ़ते रहें,
साइकिल की पहियों की रफ्तार में,
हर कदम, हर मोड़, हर हवा में,
बने एक नया अहसास, एक नई शांति।

सांसों की लय संग जुड़ी हैं ये घुमती चक्कियाँ,
जहां हर झटके से लहकते हैं दिल के जज़्बात,
मन की गहराई तक फैलती जाती है,
स्वास्थ्य का एक अदृश्य रंग।

मांसपेशियाँ खिंचती हैं, फिर सुकून से ढलती हैं,
मस्तिष्क में विचारों का उत्सव होता है,
साइकिल की सवारी पर बिखरती है ऊर्जा,
जो हर दर्द, हर तनाव को छोड़ जाती है।

यह साधना नहीं, जीवन का हिस्सा है,
जो शरीर और मन के बीच एक पुल बनाती है,
हर चक्कर, हर रफ्तार में हम पाते हैं,
स्वास्थ्य की सही दिशा, ताजगी का संकेत।

इसी रास्ते पर चलते-चलते,
हम पाते हैं खुद को,
ध्यान और ऊर्जा के बीच,
साइकिल की ध्वनि में।

साइकिलिंग: मांसपेशियों की मजबूती

घूमते पहिए, मजबूत होती मांसपेशियाँ,
हर घुमाव, हर कदम, एक नई शक्ति का संचार।
साइकिल की रफ्तार में,
पैरों की मांसपेशियाँ होती हैं जागृत,
तनाव और थकान को छोड़,
नए उत्साह का अनुभव होता है।

चढ़ाई पर, हर पेडल से उठती है ऊर्जा,
स्ट्रोक के साथ, हर मांसपेशी में लचीलापन आता है,
घुटनों, जांघों, और पिंडलियों में शक्ति,
एक निरंतर अभ्यास से पनपती है।

न केवल शरीर को, मन को भी मिलता है बल,
जो मांसपेशियाँ थकी हुई थीं,
अब हर साइकिल की सवारी पर,
सदाबहार होती हैं।

साइकिलिंग से शरीर का हर अंग मजबूत होता है,
ये सिर्फ एक खेल नहीं,
स्वास्थ्य का अनमोल रत्न है।
जब मांसपेशियाँ होती हैं संजीवित,
शरीर और मन दोनों की गति बढ़ती है।

साइकिलिंग: मोटापा घटाने का मंत्र

हर पेडल के साथ बढ़ता है विश्वास,
साइकिलिंग की रफ्तार, शरीर की चाल,
हर घुमाव में बिखरती है ऊर्जा,
मोटापे को मात देने का एक सरल मंत्र।

हवा में उड़ते हुए,
स्वस्थ दिल की धड़कन तेज़ होती है,
वसा की परतें घटती जाती हैं,
और शरीर की परिभाषा बदलने लगती है।

चढ़ाई से ढलान तक,
हर कदम की मेहनत है मायने रखती,
बाहरी रूप में हल्की, अंदर से मजबूत,
साइकिलिंग से हो जाता है शरीर संतुलित।

कोशिश की शक्ति, निरंतरता की राह,
हर घड़ी के साथ वजन घटता जाए,
शरीर को नया रूप मिले,
और स्वस्थ जीवन का मंत्र बन जाए।

नहीं है कोई शॉर्टकट,
बस एक नियमित रूटिन की आवश्यकता,
मोटापे से मुक्ति के लिए,
साइकिलिंग से बेहतर कोई उपाय नहीं।

साइकिलिंग: तनाव का बड़ा दुश्मन

पेडल मारते ही, हवा का हल्का झोंका,
तनाव की चुप्प से टूटता हुआ पहला बांध,
हर कदम के साथ, दिल की धड़कन धीमी होती है,
जैसे थका हुआ मन सांस लेता है।

घूमते पहिए, जैसे विचारों की रेस को धीमा कर देते हैं,
तनाव के बादल छंटते हैं, एक शांत आकाश बनता है,
साइकिल की रफ्तार में, चिंता खुद को खो देती है,
और आंतरिक शांति का समंदर सामने आता है।

ध्यान की एक लहर, मानसिक थकान की ओर बढ़ती,
साइकिलिंग का हर कदम तनाव से जूझने की शक्ति देता है,
मानसिक तनाव की बुराइयाँ मिटने लगती हैं,
और नई ऊर्जा से मन भर जाता है।

दुनिया की भागदौड़ और तनाव को छोड़,
प्यारी साइकिल पर आराम से चलो,
हर झटके, हर मोड़ में पाओगे राहत,
साइकिलिंग: तनाव का सबसे बड़ा दुश्मन।

साइकिलिंग: सम्पूर्ण स्वास्थ्य की ओर कदम

घूमते पहिए, जैसे जीवन के हर पहलू को जोड़ते,
साइकल पर बैठते ही, सम्पूर्ण स्वास्थ्य की ओर बढ़ता हर कदम।
यह सिर्फ मांसपेशियों की ताकत नहीं,
बल्कि शरीर और मन के बीच का संतुलन है।

हृदय की धड़कन तेज होती है, फिर शांत होती,
रक्त संचार में ताजगी, दिमाग में स्पष्टता,
हर पेडल के साथ, शरीर को मिलता है पोषण,
यह साइकिलिंग नहीं, एक साधना है,
स्वास्थ्य की ओर एक नया मार्गदर्शन।

शारीरिक रूप से मजबूत, मानसिक रूप से शांत,
साइकिलिंग से मिलता है तन-मन को अनमोल साहस,
इसमें न केवल मांसपेशियाँ सुदृढ़ होती हैं,
बल्कि पूरे शरीर में एक नई ऊर्जा का संचार होता है।

जो थकान कभी चढ़कर बैठी थी,
वह अब हवा में उड़ जाती है,
साइकिलिंग से न केवल वजन घटता है,
बल्कि आत्मविश्वास और सकारात्मकता भी बढ़ती है।

सम्पूर्ण स्वास्थ्य की ओर,
साइकिलिंग एक सरल, प्रभावी और सशक्त कदम है,
जो हर उम्र, हर व्यक्तित्व को जीवन की पूरी ऊर्जा देता है।

भाग 6
साइकिलिंग और आध्यात्मिकता

साइकिलिंग: चलते पहिए और ध्यान

जब पहिए घूमते हैं,
आत्मा की गहरी परतें भी घूमने लगती हैं,
एक लय में समाहित होकर,
हमारे विचार, हमारी सांस,
सभी एक जैसे हो जाते हैं।

चक्र की गति में,
हम अपने भीतर की शांति को महसूस करते हैं,
क्योंकि जैसे पहिया न थमता,
वैसे ही मन की गति भी स्थिर हो जाती है।

प्राकृतिक हवा की हलचल में,
हम अपने भीतर के तूफान को शांत पाते हैं,
सड़क की नीरवता में,
हम आध्यात्मिकता के सच को खोजते हैं।

एक कदम और एक और,
जैसे जीवन में हर मोड़ पर हम अपनी दिशा चुनते हैं,
ध्यान से, शांति से,
हर पेड, हर आकाश,
हमारी यात्रा में एक साथी की तरह बनते हैं।

साइकिलिंग, बस एक यात्रा नहीं,
यह एक साधना है,
जिसमें हर पहिया,
हमारे जीवन के हर पहलू को संजोता है,
चाहे वह शरीर हो, या आत्मा।

रास्ते में बिखरे छोटे-छोटे पल,
सिखाते हैं हमें,
कि हम तभी सचमुच चलते हैं,
जब हम खुद को पूरी तरह से अनुभव करते हैं,
सांसों की गति में, पहियों की आवाज में,
हमसे बड़ा कुछ नहीं।

साइकिलिंग: शांति की सवारी

चरणों की आवाज़ जैसे हवा में समा जाती है,
पगडंडियों पर साइकिल की पहियों की गूंज,
हर मोड़ पर, हर दिशा में,
शांति को और पास लाती है।

बिना शब्दों के,
सांसों की लय और साइकिल की गति,
हमारे भीतर एक अनकही बात कह जाती है,
मन की शांति, एक स्थिर ताल,
जो दुनिया की हलचल से दूर,
हमसे जुड़ी रहती है।

पेड़ों की छांव और खुले आकाश के नीचे,
सड़कें लहराती हैं,
जैसे आत्मा पर बिछा दिया हो एक नर्म आंचल,
जो हर तनाव को,
हर चिंता को,
दूर कर देता है।

साइकिल के पहिए, जैसे समय की गति,
धीरे-धीरे हमें चेतना की गहराई में ले जाते हैं,
जहां सब कुछ स्थिर है,
जहां हमें अपने अस्तित्व की गहराई महसूस होती है,
और जहां कोई हलचल नहीं,
सिर्फ शांति की सवारी होती है।

हर पैडल के साथ,
हम एक कदम और पास जाते हैं,
उस अवस्था में,
जहां सच्ची शांति बसी होती है,
साइकिलिंग सिर्फ यात्रा नहीं,
एक साधना है,
जो हमें खुद से जोड़ती है,
जहां शांति ही हमारी मंजिल है।

साइकिलिंग और जीवन के सबक

जैसे साइकिल चलाने में संतुलन बनाए रखना ज़रूरी है,
वैसे ही जीवन में भी हर कदम पर संतुलन चाहिए।
कभी आगे बढ़ो, कभी रुक कर विश्राम लो,
पर कभी न थमो, रुकने का नाम न लो।

साइकिल के पहिए जैसे मुसीबतों से गुजरते हैं,
वैसे ही जीवन में भी कठिनाइयाँ आती हैं।
पर हर कठिनाई के बाद एक रास्ता खुलता है,
एक नई दिशा, एक नया सूरज उगता है।

जब रास्ता चिकना हो, तो गति तेज़ रखो,
और जब रास्ता मुश्किल हो, तो धीरे-धीरे चलो।
साइकिल की तरह, कभी झुकने से न डरें,
कभी मोड़ पर, कभी चढ़ाई पर,
लेकिन हर रास्ते को पूरा करें।

साइकिल का हर पहिया, जैसे हर अनुभव,
हमें कुछ सिखाता है, कुछ नया देता है।
हमारी गति, हमारी दिशा,
हमारी खुद की सोच और प्रयत्न से तय होती है।

जो गिरकर फिर से उठता है,
वही साइकिलिस्ट और जीवन का सच्चा साथी होता है।
साइकिलिंग हमें सिखाती है,
कि गिरने से डर नहीं,
बल्कि उठने का साहस ही सबसे बड़ी जीत है।

कभी अकेले, कभी दोस्तों के साथ,
साइकिल की सवारी हमें यह सिखाती है,
कि जीवन की यात्रा सिर्फ मंजिल तक नहीं,
बल्कि रास्ते में हर पल के अनुभव तक होती है।

दो पहियों पर दौड़ता संसार

दो पहियों पर दौड़ता यह संसार,
गति में बंधा, पर स्वतंत्रता की खोज में।
हर मोड़ पर एक नया विचार,
हर कदम में एक नई दिशा, एक नया संसार।

पहिए चलते हैं, और साथ में बदलता है जीवन,
नए रास्ते, नए संघर्ष, नए उत्सव।
गिरते हैं कभी, फिर उठते हैं,
कभी धीमी गति से, कभी तेज़ रफ्तार से।

सड़कें बिछी हैं, जैसे हर विचार की राह,
हर पेड, हर मोड़, हर हवा,
सिखाती है हमें संतुलन का पाठ,
जो जीवन के हर पहलू में काम आता है।

दो पहियों पर दौड़ते हैं हम,
हमें कोई सीमा नहीं, कोई बंधन नहीं।
यह सवारी हमें यह बताती है,
कि हम अपनी दिशा खुद तय करते हैं,
जैसे साइकिल खुद अपने रास्ते पर आगे बढ़ती है,
वैसे ही हम अपने जीवन के सफर में।

यह संसार एक विशाल साइकिल है,
जिसमें हर व्यक्ति अपना पहिया है,
कुछ चलते हैं धीरे, कुछ तेज़,
पर हर एक की मंजिल एक है–
स्वतंत्रता, संतुलन, और आत्मसात किया गया हर अनुभव।

जीवन चक्र और पहियों का रहस्य

जीवन चक्र, जैसे एक अनंत पहिया,
जो घूमता है बिना थमे, बिना रुके।
हर पल, हर अनुभव, एक नया मोड़,
जो हमें अपनी राह दिखाता है,
नया रास्ता, नया अवसर,
और कभी-कभी एक नया पाठ भी।

पहिया घूमता है, और समय भी,
हमारे साथ, हमारे भीतर।
कभी जीवन तेज़ रफ्तार से भागता है,
तो कभी धीमी गति से हमें धैर्य सिखाता है।
हर घुमाव में, हम कुछ खोते हैं,
और कुछ नया पाते हैं।

जैसे पहिया एक दिशा में लगातार घूमता है,
वैसे ही जीवन भी किसी न किसी दिशा में चलता है।
कभी सुकून, कभी संघर्ष,
पर हर चक्र के बाद एक नयी शुरुआत होती है।
हम हर बार नए अनुभवों से भर जाते हैं,
और फिर से उसी चक्र में लौट आते हैं।

सच तो यह है कि,
पहिया केवल एक यांत्रिक अस्तित्व नहीं,
बल्कि जीवन के उस अदृश्य धागे का प्रतीक है,
जो हम सबको जोड़ता है,
जो हमें यह याद दिलाता है कि हम सभी का सफर एक है,
सभी का उद्देश्य एक है–
जीवन की सच्चाई को समझना,
उस चक्र को पहचानना,
और उस चक्र के भीतर अपना स्थान पाना।

और फिर, जब हम उस चक्र को समझ लेते हैं,
हमारे भीतर एक शांति बसी होती है,
क्योंकि हमें यह अहसास होता है
कि हर पहिया, हर मोड़,
हमें उस रहस्य की ओर ले जाता है,
जो जीवन के सच को उजागर करता है–
हम सब एक हैं,
हम सब समय और चक्र के हिस्से हैं।

भाग 7
प्रेरणा और बदलाव की कहानियां

साइकिलिंग ने बदला जीवन

साइकिल की आवाज़, जब हवा में खो जाती है,
चरणों में विश्वास, हर लहर को पार करती है।
एक समय था, जब रास्ते अजनबी लगते थे,
अब वही रास्ते खुद को खोजते हैं,
जैसे जीवन के मोड़ पर आकर,
हम अपना रास्ता खुद ही बना लेते हैं।

साइकिल के पहिए की तरह,
सपने भी गति में बदलते हैं,
हर कड़ी एक नया दिशा दिखाती है,
और हर नई सुबह,
एक नई यात्रा की शुरुआत होती है।

शहर की भीड़ से दूर,
पेड़-पौधों से, हरियाली से मिलते हैं,
साइकिल हमें यह समझाती है,
कि केवल गंतव्य ही नहीं,
रास्ता भी मायने रखता है।

यह यात्रा सिर्फ शरीर को नहीं,
मन को भी स्वस्थ बनाती है,
हर कदम, हर पेडल के साथ,
हम नए तरीके से जीने की प्रेरणा पाते हैं।

साइकिल सिर्फ एक साधन नहीं,
यह जीवन को देखने का एक नजरिया है,
हमसे कहती है–
"जितना बदलोगे, उतना अच्छा होगा,
तुम खुद को खोजोगे,
तुम अपना रास्ता तय करोगे।"

साइकिलिंग रैली लाती एकता

जब साइकिलों की कतारें सड़कों पर उतर आती हैं,
एक नया उत्साह, एक नई ऊर्जा, हवा में बहने लगती है।
रैली की गूंज से एकता की आवाज़ उठती है,
हर पेडल में एक सपना, हर यात्रा में एक उद्देश्य।

राह में जितनी कठिनाईयाँ, उतनी ही मेहनत,
फिर भी साइकिल की ध्वनि, सामूहिकता का गीत बन जाती है।
यह रैली न सिर्फ पैरों की गति बढ़ाती है,
यह दिलों को जोड़ती है, सोच को फैलाती है।

हर एक साइकिल चालक, एक साथ चलता है,
भेद-भाव को पीछे छोड़, एकता की ओर बढ़ता है।
विवाद की चुप्पी को तोड़, हम सब एक समान,
साइकिलिंग रैली से चमकता है एक नया भारत का ताज।

इस यात्रा में हर कोई समान है,
मंजिलें अलग, पर उद्देश्य एक है।
साइकिल की रैली से एकता का संदेश फैलता है,
हम सभी के दिलों में एकता का विश्वास पलता है।

रैली की सवारी, समाज के हर कोने को छूती है,
एकता की ताकत को, हर घर तक पहुँचाती है।
साइकिल की गूंज, जैसे सभी को बुलाती है,
सभी को जोड़ती है, और एकता का रास्ता दिखाती है।

पहियों पर चलता आंदोलन

जब पहिए चलने लगते हैं,
तो केवल साइकिल नहीं चलती,
यह इतिहास की धारा बदलने का आंदोलन है,
यह क्रांति की शुरुआत है,
जो हर पेडल के साथ आगे बढ़ती है।

यह आंदोलन किसी एक व्यक्ति का नहीं,
यह तो समूची मानवता की पुकार है,
जब लोग साइकिलों पर चढ़ते हैं,
वे सिर्फ रास्ते पर नहीं चलते,
वे एक नई दिशा की ओर बढ़ते हैं।

हर कदम में आज़ादी की भावना,
हर घुमाव में अधिकार की आवाज़,
यह आंदोलन सिर्फ आज़ादी की नहीं,
यह पर्यावरण, स्वास्थ्य, और एकता की आवाज़ बन जाता है।

पहिए चुपचाप घूमते हैं,
लेकिन उनका प्रभाव बेमिसाल होता है,
जहां-जहां ये पहिए पहुँचते हैं,
वहां-वहां एक नई चेतना जगाते हैं।

यह आंदोलन न थमने वाला है,
न रुकने वाला है,
क्योंकि जब पहिए चलते हैं,
तो वो समाज में बदलाव की रफ्तार पकड़ लेते हैं,
और हर घर, हर सड़क पर,
यह एक नई सोच को जन्म देते हैं।

साइकिलिंग और आर्थिक सशक्तिकरण

साइकिल के पहिए सिर्फ सड़क पर नहीं घूमते,
ये समाज के विकास के लिए एक साधन बनते हैं,
जब व्यक्ति साइकिल से यात्रा करता है,
तो न सिर्फ ऊर्जा बचाता है,
बल्कि खुद को भी सशक्त बनाता है।

साइकिलिंग, खासकर ग्रामीण क्षेत्रों में,
आर्थिक विकास का एक आधार बन जाती है,
यह न केवल सस्ती परिवहन सुविधा है,
बल्कि छोटे व्यापारों को भी गति देती है,
एक व्यापारी से लेकर किसान तक,
साइकिल उन्हें ज्यादा से ज्यादा जगह तक पहुँचने का अवसर देती है।

महिलाओं के लिए साइकिलिंग,
आर्थिक स्वतंत्रता का प्रतीक बनती है,
क्योंकि यह उन्हें घर से बाहर,
काम करने और खुद को साबित करने का मौका देती है।
वह साइकिल पर सवार होकर,
अपनी मेहनत से समाज में योगदान करती हैं।

शहरी क्षेत्रों में साइकिलिंग,
भीड़-भाड़ वाले परिवहन पर निर्भरता कम करती है,
व्यक्ति समय और पैसे दोनों बचाता है,
इससे उसकी आर्थिक स्थिति मजबूत होती हे,
और जीवन की गुणवत्ता में सुधार आता है।

साइकिलिंग से एक नया दृष्टिकोण मिलता है,
जहां हर व्यक्ति अपने पैरों पर खड़ा हो सकता है,
यह आर्थिक सशक्तिकरण की दिशा में एक महत्वपूर्ण कदम है,
जो हमें दिखाता है कि छोटे कदमों से बड़ी सफलता प्राप्त हो सकती है।

साइकिलिंग और आत्मनिर्भर भारत

साइकिल का पहिया केवल सड़क पर नहीं घूमता,
यह आत्मनिर्भरता की दिशा में एक प्रतीक बनता है।
जब हर भारतीय साइकिल की सवारी करता है,
वह न केवल खुद को सशक्त करता है,
बल्कि अपने देश की आर्थिक स्थिति में भी योगदान देता है।

साइकिलिंग, एक सरल और सस्ती परिवहन प्रणाली,
हमारे देश की जरूरतों के अनुरूप है।
यह प्रदूषण को कम करती है,
वातावरण को साफ रखती है,
और साथ ही साथ,
हमारे संसाधनों का उपयोग भी कुशल बनाती है।

स्वदेशी उत्पादन को बढ़ावा देने के लिए,
साइकिलों का निर्माण और उपयोग,
हमारी आत्मनिर्भरता का आधार बनता है।
जब हम भारतीय साइकिल निर्माता कंपनियों को समर्थन देते हैं,
तो हम 'मेक इन इंडिया' के उद्देश्य को साकार करते हैं।

महिलाओं और ग्रामीण समुदायों के लिए,
साइकिलिंग एक सशक्तिकरण का रास्ता बनती है,
यह उन्हें स्वतंत्रता और आत्मनिर्भरता का एहसास कराती है,
और सामाजिक प्रतिबंधों को तोड़ने में मदद करती है।

साइकिलिंग से न केवल आर्थिक बचत होती है,
बल्कि यह हमारे राष्ट्रीय स्वावलंबन की ओर एक कदम बढ़ाती है।
जब हम साइकिलों का उपयोग बढ़ाते हैं,
हम एक आत्मनिर्भर भारत की ओर बढ़ते हैं,
जहां हर भारतीय, अपनी मेहनत और आत्मविश्वास से,
देश के विकास में अहम भूमिका निभाता है।

भाग 8
साईकल के प्रकार

बचपन की सिंगल गियर साईकल

मासूम सी साईकल, धूल में लुड़कती
जन्म के पहले, पंखों से हल्की,
मुझे आसमान के पार उड़ाने वाली,
दिखती एक सपने जैसी,
सही नहीं था उसकी गति का अनुमान,
लेकिन हाँ, वह निश्चित ही एक परिपूर्ण यात्रा थी।

सिंगल गियर से सजी,
जैसे कोई जादूई ब्रिज हो,
दोनों पैडल पर चढ़ते ही,
सभी रास्ते आसान लगने लगते थे।

एक पल रुककर देखा,
दो हाथों से कस कर पकड़,
चलती हुई गियर की आवाज़,
चमकती धूप में,
शरीर की हलचल और सांसों की गूंज,
खुद से भागने का अहसास,
हर ठंडी हवा की खिंचाई में
मुझे एक नयी दुनिया नज़र आती थी।

क्या समझ पाते हम,
इतने छोटे थे हम तब,
कि उस साईकल के हर मोड़ में
हमारी ही कहानी बसी थी।
धुंधलाती यादें अब भी साकार होती हैं,
और कोई आवाज़ दिल में गूंजती है,
"चलो, फिर से साइकिल पर जाओ,
क्योंकि बचपन वहीं है,
जहाँ उसकी धड़कन सुनाई देती है।"

रोड बनाम माउंटेन बाइक

दोनों साईकलों के रूप में हैं असंख्य फसाने,
एक लहराता है समतल सड़कों पर,
दूसरा लड़ता है जंग पहाड़ी रास्तों पर।

रोड बाइक, हलकी और तेज,
सपनों की तरह लहराती है,
स्मूथ सड़कों की साथी,
शहर से गाँव तक दौड़ती जाती है।
पंखों जैसा हल्का भार,
हर पैडल की घुमाव में,
सूरज की किरणों से मिलती है रात,
एक धारा सी निकल जाती है हर वक़्त।

माउंटेन बाइक, भारी और मजबूत,
किसी युद्ध के साथी जैसी,
हर रुकावट से पार करने वाली,
कभी टूटती नहीं, कभी गिरती नहीं।
पहाड़ों की चढ़ाई हो या पथरीली ढलान,
यह गती की बजाय ताकत से चलती है,
हरे-भरे जंगलों से लेकर गहरी घाटियों तक,
हर कर्व में गहरी ताकत का एहसास।

रोड बाइक के सपनों में गति है,
माउंटेन बाइक के रास्तों में साहस।
दोनों की अपनी दुनिया,
दोनों के अपने रास्ते,

साइक्लिस्ट की इच्छाएँ तय करती हैं,
कहाँ जाना है, कैसे दौड़ना है।

रोड या माउंटेन, दोनों हैं खास,
राह चुनें, जहाँ मन हो साथ,
क्योंकि साइकिलिंग सिर्फ सवारी नहीं,
एक यात्रा है, जीवन की ओर।

मोटे टायरों वाली साईकल

वह साईकल, मोटे टायरों वाली,
जो कभी नहीं डरती रास्तों से,
न चिकनी सड़कों से, न कीचड़ से,
न पत्थरों से, न गहरे दलदल से।

उसके पहिए जैसे धैर्य की मिसाल,
हर मुसीबत को चुपचाप झेलते,
खुद को फैलाकर पकड़ते हैं धरती की तागत,
और फिर दौड़ते हैं उन मार्गों पर
जहां कोई नहीं पहुंचता।

जंगली रास्तों पर, उबड़-खाबड़ ढलानों पर,
हर सवारी उसकी एक चुनौती,
कभी चढ़ाई, कभी ढलान,
लेकिन वह कभी न रुकती,
बस और आगे बढ़ती जाती है।

मोटे टायरों की थाप से,
पृथ्वी की हर धड़कन सुनाई देती है,
जैसे हर पत्थर, हर झरना,
उसकी यात्रा में एक हिस्सा बन जाए।
कभी गहरे जंगलों से गुजरती,
कभी रेगिस्तान की धूल को चीरती,
सिर्फ एक लय में बहती जाती हे।

मोटे टायरों वाली साईकल,
मौसम, मिट्टी, रास्ते की हर चुनौती से बेखबर,
रफ्तार नहीं, बल्कि मजबूती उसकी पहचान है।
यह सिर्फ एक सवारी नहीं,
यह एक साहसिक यात्रा है,
एक अनकहा संघर्ष है।

शहरी फोल्डेबल साईकल

शहर की गलियों में घुमा करती है,
छोटी सी साईकल, जो सिमट कर छुप जाती है,
आलसी नज़रों से कोई पहचान न पाता,
लेकिन उसकी चुपचाप तेज़ी,
हर मोड़ पर रफ्तार पकड़ती जाती है।

फोल्डेबल साईकल, शहरी जीवन की सच्चाई,
एक पल में मुड़ी, दूसरे पल में खड़ी,
कभी बस्ते में, कभी ऑफिस की सीढ़ियों पर,
कभी ट्रेन के कोच में, कभी कैफे के कोने में।
हर जगह फिट हो जाती है,
दूरी नहीं होती उसकी बडी।

न कोई बड़ा टायर, न भारी फ्रेम,
मगर हल्के से पैडल में जो ताकत है,
वह किसी भी रास्ते की चुनौती को झेलती है,
यात्री की नज़र में गुम हो जाती,
लेकिन उसकी यात्रा कभी खत्म नहीं होती।

सपने छोटे, मंजिलें बड़ी,
शहर के हर कोने में फैले,
फोल्डेबल साईकल की तरह,
छोटे से बड़े बनते हैं रास्ते,
कभी मोड़ कर, कभी खोले,
यह साईकल नहीं, एक जादू है
जो शहरी जीवन को संजीवित करती है।

इलेक्ट्रिक साईकल की नई उड़ान

सुप्त गति, फिर एक हलचल,
साईकल की सवारी अब कुछ और है,
इलेक्ट्रिक पंखों से सजी,
नई दुनिया की तरफ उड़ान भरती है।

बैटरी की शक्ति से चलाई जाती,
हर झटके में नयी उम्मीद जगाती,
पेडल पर हाथ नहीं, सिर्फ दिशा की सटीकता,
कभी धीमी, कभी तेज़,
लेकिन हर वक़्त बेहद आसान।

सड़कें अब लंबी नहीं लगतीं,
चढ़ाई पर भी कोई थकान नहीं होती,
हर कदम में ऊर्जा का अहसास,
प्राकृतिक रास्तों से जुड़ी नई विचारधारा।

सांसों में ताजगी, हवा में बदलाव,
पृथ्वी को बचाने का एक साधन,
इलेक्ट्रिक साईकल की हर सवारी,
संजीवनी से कम नहीं,
जैसे पृथ्वी और मनुष्य का नया संवाद।

आखिरकार, यह सिर्फ साइकिल नहीं,
यह एक दृष्टिकोण हे,
जो आज के समय में
सिर्फ रफ्तार नहीं, बल्कि भविष्य को देखता है,
नई उड़ान, नए विचार,
और एक हरित पृथ्वी का सपना।

भाग ९
साइकिलिंग की प्रतियोगिताएं

टूर डी फ्रांस का रोमांच

सड़कें खुली हैं, दूर तक,
सपनों के जाले फैले हैं हवा में,
आंधी की तरह दौड़ते,
साइकिल के पहिए हवा से बातें करते हैं।

कभी चढ़ाई, कभी ढलान,
गति का खेल, लय का राग।
मांसपेशियों में आग, दिल में धड़कन,
ट्रैक पर प्रतिस्पर्धा नहीं, एक युद्ध है।

धरती की हर झुकी हुई रेखा,
हवाओं के हर झोंके में,
पानी के छींटे, पसीने की बूँदें,
इन सभी में खो जाता है हर राइडर।

रोमांच, सिर्फ जीत में नहीं,
हर उस पल में जो टिकता है,
हर उस मोड़ पर जो जीता जाता है,
हर उस खिंचाव में जो थमने नहीं देता।

यह खेल केवल शारीरिक नहीं,
यह मानसिकता की परीक्षा है।
यह समर्पण है, यह इच्छाशक्ति है,
यह सिर्फ साइकिलिंग नहीं,
जीवन के हर संघर्ष की सवारी है।

टूर डी फ्रांस, एक सपना,
जो हर राइडर को हर रोज़ जीना है,
क्योंकि यहाँ मंजिल नहीं,
रास्ता ही सबसे बड़ा पुरस्कार है।

ओलंपिक में साइकिलिंग का जलवा

एक साइकिल, एक राइडर,
आत्मविश्वास और संघर्ष की सवारी।
ओलंपिक का मंच, जहां सपने पंख खोलते हैं,
जहां हर पैडल पर, इतिहास लिखा जाता है।

हर रेस में, एक कहानी छुपी होती है,
गति की चुनौती, और शरीर की सीमा।
स्वर्ण पदक का सपना,
जो हर राइडर की आँखों में चमकता है।

मंजिल दूर, लेकिन हौंसला पास,
सड़कें हैं लहराती, जैसे आकाश।
फिनिश लाइन तक पहुँचने के लिए,
हर सेकंड, हर मिनट, बदलता है खेल।

यह जलवा, यह जादू,
सिर्फ तकनीक नहीं, दिल से दौड़ने का मामला है।
समझो हर घूर्णन को एक चुनौती,
हर स्पीड को एक विजय की ओर बढ़ते कदम।

ओलंपिक की रेस, एक महाकवि की कविता,
जहां शरीर और मन एक साथ लिखते हैं भाग्य।
आखिरी लम्हे में, जो विजयी होता है,
वह सिर्फ टायर नहीं,
बल्कि जिद और मेहनत का प्रतीक है।

साइकिलिंग का जलवा,
सिर्फ पदक में नहीं,
बल्कि उस आत्मविश्वास में बसा है,
जो हर राइडर अपने सफर में पाता है।

साइक्लोक्रॉस: कीचड़ और चुनौतियाँ

कीचड़ में लथपथ, धूल में लिपटी राहें,
साइकिल का पहिया घुमता है, संघर्ष की धुन में।
एक चुनौती, हर मोड़ पर,
हर गहरी कीचड़ की थैली में छुपा खतरनाक सामना।

यह कोई साधारण रेस नहीं,
यह एक मानसिक युद्ध है,
जहाँ शरीर थककर चूर हो जाता है,
लेकिन आत्मा कहती है, "और एक कदम और!"

फिनिश लाइन तक का रास्ता,
सिर्फ पेड़, कीचड़ और गलियां नहीं,
यह अंतहीन कोशिशों का प्रतिमान है,
जहां राइडर अपने डर से लड़ता है।

वह साइकिल, वह पेडलिंग,
चढ़ाई और गिरावट के बीच से गुजरते हैं,
हर सवारी, हर कदम,
खुद को फिर से साबित करने की कहानी बनती है।

पसीना नहीं, अब कीचड़ से सना चेहरा,
कभी गिरना, फिर उठकर खड़ा होना,
साइक्लोक्रॉस की यह असली खूबसूरती है,
जहां हर चैलेंज, एक नई ज़िद को जन्म देता है।

यह सिर्फ साइकिलिंग नहीं,
यह जीवन की कड़ी सच्चाई है,
जहां चुनौतियाँ कभी खत्म नहीं होतीं,
लेकिन आत्मविश्वास की ताकत कभी कम नहीं होती।

लंबी दूरी की रेस: धैर्य और शक्ति की परीक्षा

आगाज़ में तेज़ी, अंत में शांति,
रफ्तार से कहीं अधिक महत्वपूर्ण है संयम।
दूरी लंबी, रास्ता कठिन,
लेकिन धैर्य में बसी होती है असली शक्ति।

पहिए घुमते हैं, थकावट बढ़ती जाती है,
हर क़दम में शरीर विरोध करता है,
लेकिन मानसिकता की जीत होती है,
जो राइडर को हर मुश्किल से बाहर निकाल लाती है।

यह सिर्फ शारीरिक परिश्रम का खेल नहीं,
यह दिल और दिमाग की जंग है,
जहां हर पल, हर सेकंड,
धैर्य और ताकत की परीक्षा होती है।

सर्द हवाएँ, तपती धूप,
हर मौसम की चुनौती को स्वीकारते हुए,
राइडर बढ़ता जाता है,
क्योंकि मंजिल में छिपा है एक नया आत्मविश्वास।

धैर्य से रफ़्तार को बढ़ाने की कला,
शक्ति से थकावट को परास्त करने की कला।
लंबी दूरी की रेस, यही सिखाती है,
कि असली जीत, हारने के बाद भी हार नहीं मानने में है।

यह सिर्फ साइकिलिंग की रेस नहीं,
यह जीवन की रेस है,
जहां धैर्य, संकल्प, और शक्ति
हर राइडर को अपने सबसे अच्छे रूप में लाते हैं।

एंड्यूरेंस राइड: थकान के पार की जीत

राह लंबी है, पहिए थक चुके,
पैर चूने के बाद, हर क़दम भारी।
लेकिन जो रुकते नहीं, वही जीतते हैं,
थकान के पार, एक नई उम्मीद खिलती है।

विकट लम्हे, भारी सन्नाटा,
जब शरीर कहता है, "अब नहीं,"
तो आत्मा कहती है, "तुम कर सकते हो।"
हर दर्द, हर संघर्ष, एक नई दिशा दिखाता है।

आंखों में धुंध, सांस में लड़ाई,
लेकिन मन के भीतर, चिंगारी जिंदा रहती है।
यह सिर्फ साइकिलिंग नहीं,
यह आत्मविश्वास की परख है,
जो थकान के पार जाता है।

एक लंबा रास्ता, समय की गूंज,
हर कदम पर गिरते हैं, फिर उठकर खड़े होते हैं।
यह एंड्यूरेंस राइड, एक सफर नहीं,
यह साहस और संकल्प की परीक्षा है।

अंतिम मील की दूरी,
हर सांस में जीत का अहसास,
क्योंकि थकान के पार,
जो लोग पहुंचते हैं, वे ही सच्चे विजेता होते हैं।

यह राइड नहीं, एक जीवन के संघर्ष का प्रतीक है,
जहां हर रुकावट को पार कर,
राइडर, अपनी आंतरिक शक्ति से
नई ऊँचाइयों तक पहुंचता है।

भाग 10

शहरों में साइकिलिंग की चुनौतियां

भीड़ में गुम होती साइकिल

शहर की सड़कों पर जब
हर कदम तेज़ी से बढ़ता है,
गुज़रते हैं वाहन,
ध्वनि से गूंजते हैं,
अंतराल में, चुपचाप,
कहीं खो जाती है साइकिल।

चमकते हैं चारों ओर
नए शोर, नए रास्ते,
हर दिशा में दौड़ते
कदम, जिंदगियाँ, और इरादे।
लेकिन साइकिल की ध्वनि,
कभी तो सुनाई नहीं देती,
भीड़ में खो जाती है
उसकी खामोशी, उसकी सादगी।

कभी जो सड़क की संगीनी थी,
अब भीड़ के बीच
अजनबी सी हो गई है।
नज़रें दौड़ती हैं, लेकिन
किसी को उसकी सूरत नज़र नहीं आती।

शहर के तेज़ी में
कहाँ हे वह समय,
जब चुपचाप घूमते
पहिए हमें शांति का अहसास कराते थे।
आज, सड़कें हैं व्यस्त,
और साइकिल, बस एक
बेमूलिख़ भाग्य बन कर रह जाती है।

पर क्या हम कभी
उसकी अहमियत को पहचानते हैं?
यह वही साइकिल है,

जो चलने से पहले हमें
सोचने का समय देती है,
सफर को आत्मा से महसूस कराती है।

लेकिन अब,
शहरों में साइकिल का रास्ता
जगह की कमी,
जगह-जगह रुकावटें,
समझ से बाहर है।
फिर भी वह साइकिल,
कभी न थमने वाला पहिया,
राह ढूंढ ही लेती है।

ट्रैफिक में जंग करती साइकिल

सड़कें हैं तंग,
वह जंग में खोई साइकिल,
धुआं, शोर, और तेज़ रफ्तारों के बीच
हर कदम पर संघर्ष करती है।

एक तरफ़ मोटरें हैं,
जो हवा में घुसने की होड़ में हैं,
दूसरी ओर साइकिल,
जो धीरे-धीरे रास्ता ढूंढ रही है,
हर मोड़ पर उसकी गति कम हो जाती है,
लेकिन हार नहीं मानती।

आगे-पीछे बढ़ते हैं वाहन,
साइकिल का पहिया,
अब और तेज़ नहीं हो सकता,
फिर भी वह अपनी चाल में मजबूती लाती है।
कभी गाड़ी की धक्का-मुक्की से
वह टकराती है,
फिर भी अपने अस्तित्व को बनाए रखती है।

हर चौराहा, हर सिग्नल,
वह अपनी धीरज से
अपने संघर्ष की कहानी कहती है,
कभी चुप, कभी मूक,
लेकिन हमेशा अपनी राह पर।

क्या वह जीत पाएगी इस ट्रैफिक की जंग में?
यह सवाल नहीं,

यह एक यात्रा है,
जो उसे चलानी है,
अपने आत्मविश्वास के साथ।

जब तक धूप है,
जब तक रुकावटें हैं,
वह साइकिल हार नहीं मानती,
हर जंग में जीतती है,
खुद की, और शहर की

साइकिल चलाओ - शहर बचाओ

शहर की सड़कों पर
रफ्तार का जाल फैला है,
गाड़ियों के धुएं में
हवा भी अब थक गई है।
लेकिन एक आवाज़ उठ रही है–
साइकिल चलाओ, शहर बचाओ।

दूर होती हरियाली,
कम होते पेड़,
गाड़ियों के शोर में
चुप हो गई ज़िन्दगी की सैर।
साइकिल एक हलकी सी उम्मीद है,
जो धैर्य और ताकत से
दूर कर सकती है संकट के बादल,
शहर की सासों में ताजगी ला सकती है।

जब हम साइकिल चलाते हैं,
हम सिर्फ़ एक यात्रा नहीं करते,
हम शहर के दिल को महसूस करते हैं,
उसकी नज़ाकत, उसकी सुंदरता,
हम उसके साथ एक रिश्ता बनाते हैं।
हर पहिया घूमते हुए
हम उसे बचाने का वादा करते हैं।

तो चलिए, इस शहर को फिर से हरा-भरा बनाएं,
साइकिल की एक छोटी सी यात्रा
हमारे बड़े बदलाव की शुरुआत हो।
साइकिल चलाओ, शहर बचाओ–
यह सिर्फ़ नारा नहीं,
हमारा जिम्मा है, हमारा धर्म है।

शोर में साइकिलिंग की शांति

शहर की सड़कों पर,
गाड़ियों का शोर गूंजता है,
एक के बाद एक आवाज़ें
सपनों को चुराती हैं।
लेकिन साइकिल की सवारी
इस शोर के बीच भी
अपनी खामोशी बनाए रखती है।

जब हर ओर से धुंआ उठता है,
तब साइकिल का पहिया
चुपचाप घूमता है,
न कोई रफ्तार की होड़,
न कोई गुस्सा,
बस एक साधारण गति,
जो शांति से भरी होती है।

साइकिल का सफर
कभी तेज़ नहीं होता,
फिर भी वह हमें
शोर से बाहर ले जाता है,
हमारी सांसों को गहरी करने के लिए
वह ठहरता नहीं,
सिर्फ़ महसूस कराता है,
आत्मा की आवाज़,
शहर के शोर में खोने के बावजूद।

हर पैडल, हर घुमाव,
सुनाई देती है एक ध्वनि,

जो शांति की गहरी समझ देती है,
यह वही शांति है,
जो आंतरिक यात्रा में होती है,
सिर्फ़ हमें ही नहीं,
शहर को भी महसूस होती है।

शोर में साइकिलिंग की शांति
हमसे कहती है–
गति नहीं, आत्मविश्वास जरूरी है,
सभी बाहरी ध्वनियों को चुप कर देना
अपनी धडकनों में खो जाने के लिए।

साइकिल करे अलग ट्रैक की मांग

शहर की सड़कों पर
गाड़ी की भीड़ में खोई साइकिल,
हर मोड़ पर संघर्ष करती,
खुद को बचाती,
फिर भी,
हर दिन तेज़ रफ्तार से टकराती।

क्या वह नहीं चाहती,
अपना रास्ता,
अपनी स्वतंत्रता?
क्या वह नहीं हकदार,
एक अलग ट्रैक की,
जहां उसकी गति,
उसके आत्मविश्वास से मेल खाती हो?

आवाज़ों के इस शोर में,
जहां सब कुछ तेज़ी से बढ़ता है,
साइकिल की कहानी अलग है।
वह किसी और दिशा में सोचती है,
वह कोई और रास्ता चाहती है,
जो न हो वाहनों से भरा,
जो न हो धुएं से घेरा।

साइकिल की मांग सिर्फ़ यह नहीं,
एक सुरक्षित स्थान,
जहां वह अपनी यात्रा शांति से कर सके,
जहां हर कदम उसके लिए
रुकावट नहीं,
बल्कि एक सुकून की राह हो।

एक अलग ट्रैक,
जो उसे मंजिल तक ले जाए,
लेकिन अपनी शांति में खोकर।
कहीं न कहीं,
शहर को यह समझना होगा,
साइकिल की अपनी भी एक ज़रूरत है,
उसका भी हक़ है
अलग ट्रैक पर चलने का।

भाग 11
वैश्विक दृष्टिकोण एवं भविष्य की साइकिलिंग

दुनिया के साइकिलिंग शहर

जहाँ सड़कों पर ध्वनियाँ नहीं,
सिर उठाते पहिये ध्वनि की बजाय
हवा से बातें करते हैं।
वहाँ, जहाँ धुंआ नहीं,
केवल घुड़ते हुए पैडल
सपनों के शहर में बुनते हैं रिश्ते।

ऐसे शहर जहाँ
साइकिलें सिर्फ यात्रा का साधन नहीं,
वो संवेदनाएँ हैं,
जो धीमे-धीमे एक समाज को आकार देती हैं।
बेहद शांति से,
वो अपने गंतव्य तक पहुँचते हैं।

उन शहरों में,
जो एक दूसरे से जुड़ते हैं रास्तों से
सभी की यात्रा में समानता होती है।
वो शहर जहाँ
सपने छोटे नहीं होते,
साइकिल के पहियों जितने बड़े होते हैं।

बिना रोके, बिना थके,
किसी भी मोड़ पर
एक नई शुरुआत होती है।
इन शहरों में,
हवा ताजगी लाती है,
प्रदूषण से दूर,
संग साथ चलते पैडल,
आकांक्षाओं की ऊँचाई तक।

यह दुनिया के साइकिलिंग शहर हैं,
जहाँ जीवन सरल होता है,
और हम सभी मिलकर
सड़क पर नहीं,
धरा पर भी बराबरी से चलते हैं।

समाज, पर्यावरण,
और स्वास्थ्य,
सभी के पहिये
एक दिशा में घूमा करते हैं।

साइकिलिंग का अंतरराष्ट्रीय आंदोलन

एक गहरी आवाज़ में गूंजती है,
साइकिलों के पहिये दुनिया के कोनों से,
एक नए आंदोलन का आगाज,
जो सिर्फ रास्तों पर नहीं,
हमारी सोचों और जीवनशैली पर भी असर डालता है।

यह आंदोलन सिर्फ साइकिल चलाने का नहीं,
यह एक प्रतीक है जागरूकता का,
साफ हवा,
स्वस्थ शरीर और
बेहतर पर्यावरण का।
दुनिया भर के लोग,
न केवल साइकिल चलाने के लिए,
बल्कि एक बेहतर भविष्य की उम्मीद में
इस आंदोलन में शामिल होते हैं।

कोलोन से लेकर डेनमार्क,
पेरिस से लेकर न्यूयॉर्क तक,
साइकिलिंग ने एक नई क्रांति को जन्म दिया।
जहाँ सड़कें साइकिल के लिए समर्पित हैं,
और हर कदम,
हर घुमाव,
पर्यावरण के संरक्षण के लिए एक कोशिश है।

यह आंदोलन सिर्फ सरकारों का नहीं,
यह हर व्यक्ति का है,
जो एक साइकिल उठाकर
अपना छोटा सा कदम पर्यावरण के लिए उठाता है।

यह संकल्प है उस दुनिया का
जो प्रदूषण मुक्त,
स्वस्थ और सुरक्षित हो।

दुनिया के प्रत्येक कोने में,
साइकिलें एक नई उम्मीद बन गई हैं।
यह आंदोलन है
जो सिर्फ दो पहियों पर चलता नहीं,
बल्कि दुनिया भर में एक सशक्त बदलाव की सवारी करता है।

ई-बाइक के पहियों का युग

यह नए युग की शुरुआत है,
जहाँ पैडल के साथ नहीं,
मात्र एक बटन से शुरू होती है यात्रा।
ई-बाइक, जो अब केवल तकनीक नहीं,
हमारे परिवहन का एक स्वाभाविक हिस्सा बन चुकी है।

नहीं कोई थकान,
नहीं कोई हलचल,
बस एक हल्का सा दबाव और
चालू हो जाता है सफर।
बैटरियों के भीतर ऊर्जा समेटे,
यह पहिए सड़कों पर नए सपने छोड़ते हैं।

इस युग में,
जहाँ धरती की हर सांस को महसूस करते हैं हम,
ई-बाइक ने प्रदूषण को कम करने का वादा किया है।
यह केवल पर्यावरण का नहीं,
हमारी सोच का भी पुनर्निर्माण है।

तेज़ रफ्तार से दौड़ते ये पहिए
सिर्फ किसी रास्ते पर नहीं,
मनुष्य के विकास के नये रास्ते पर चल रहे हैं।
इन्हें चलाने वाला हर व्यक्ति
जैसे खुद को एक नई दिशा में पा रहा हो।

ई-बाइक,
जो केवल तकनीक से नहीं,
हमारे दिलों से भी जुड़ती है।
यह युग न केवल पहियों का है,
यह एक नए विचार,
नए व्यवहार और
नए पर्यावरण का युग है।

स्मार्ट साइकिलिंग और स्वास्थ्य

आज के दौर में, साइकिलिंग का मतलब केवल पेडल मारना नहीं,
यह एक स्मार्ट यात्रा बन गई है,
जहाँ तकनीक और स्वास्थ्य मिलकर एक नया दिशा दिखाते हैं।
स्मार्ट साइकिलिंग,
जो न केवल सड़कों पर,
बल्कि हमारी जीवनशैली में भी स्वास्थ्य का ख्याल रखती है।

जैसे हर कदम पर तकनीक का सहारा,
स्मार्ट साइकिल्स ट्रैक करती हैं
हृदय की धड़कन से लेकर,
कैलोरी जलने तक,
दूरी और समय की हर जानकारी
हमारी उंगलियों पर होती है।
यह साइकिलें,
हमें सिर्फ यात्रा नहीं,
स्वस्थ रहने का मार्ग भी दिखाती हैं।

इस स्मार्ट युग में,
साइकिल चलाना केवल शरीर के लिए लाभकारी नहीं,
यह मानसिक शांति भी प्रदान करता है।
जब गति बढ़ती है,
मनुष्य की चिंताएँ भी धीमी पड़ने लगती हैं।
स्वस्थ शरीर के साथ-साथ,
स्वस्थ मानसिकता भी जन्म लेती है।

स्मार्ट साइकिलिंग में,
समय और ऊर्जा की बचत होती है,
पर्यावरण की रक्षा होती है,
और हर सवारी,
स्वास्थ्य की दिशा में एक कदम बढ़ाती है।

9 798889 673217 4